이육사 · 詩
김윤식 · 画

청 포 도

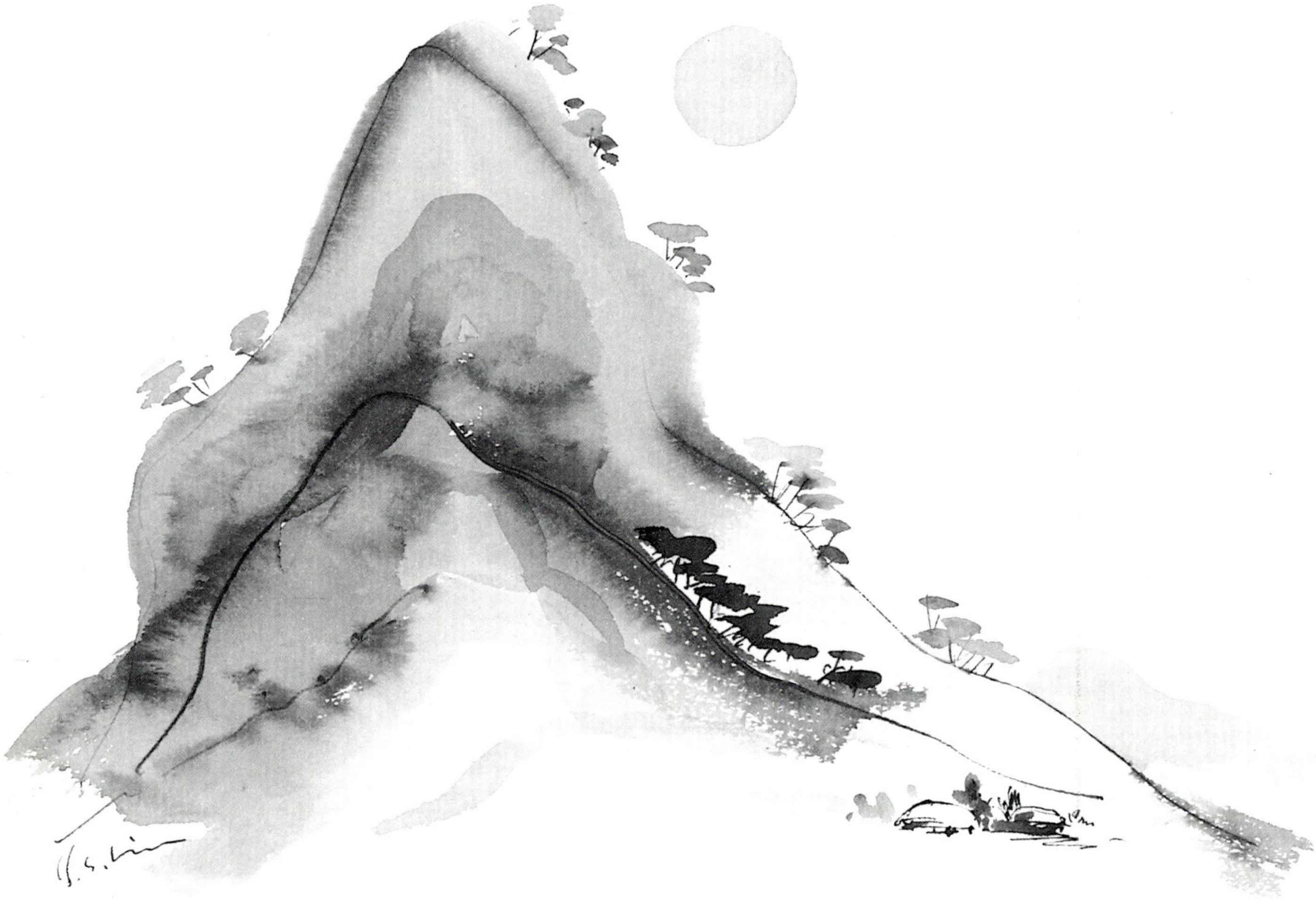

詩와 그림과 노래와……③

이 책을 내면서

詩와 그림을 한가지로 좋아해서, 詩를 모으고 그림을 모아 이 책을 냅니다.

詩와 그림과 노래가 있는 책, 그래서 이 책을 보는이들이 즐거운 感興을 함께 나눌 수 있기를 바라는 마음으로 앞으로도 계속 펴낼 것입니다.

애호가 여러분의 질정을 기다리면서──.

〈펴 낸 이〉

□ 차 례 □

광 야 曠野
호 수 湖水
광인의 태양
반 묘 斑猫
꽃
나의 뮤―즈
소 공 원 小公園
청 포 도
독 백 独白
강 건너 간 노래
바다의 마음
파 초 芭蕉
황 혼 黃昏
아 편 鴉片
연 보 年譜
자 야 곡 子夜曲
편 복 蝙蝠
교 목
일 식 日蝕
말
노 정 기 路程記
초 가 草家
절 정 絶頂
남한산성 南漢山城

광 야 曠野

까마득한 날에
하늘이 처음 열리고
어데 닭 우는 소리 들렸으랴

모든 산맥들이
바다를 연모(戀慕)해 휘달릴 때도
참아 이곳을 범(犯)하던 못 하였으리라

끊임없는 광음(光陰)을
부지런한 계절(季節)이 피여선 지고
큰 강물(江)이 비로소 길을 열었다

지금 눈 내리고
매화향기(梅花香氣) 홀로 아득하니
내 여기 가난한 노래의 씨를 뿌려라

다시 천고(千古)의 뒤에
백마(白馬) 타고 오는 초인(超人)이 있어
이 광야(曠野)에서 목놓아 부르게 하리라

호수 湖水

내여달리고 저운 마음이련마는

바람 씻은 듯 다시 명상(瞑想)하는 눈동자

때로 백조()를 불러 휘날려보기도 하건만

그만 기슭을 안고 돌아누어 흑흑 느끼는 밤

희미한 별 그림자를 씹어 놓이는 동안

자주ㅅ빛 안개 가벼운 명모(瞑帽)같이 나려씌운다

광인의 태양 狂人太陽

분명 라이풀선線을 튕겨서 올라
그냥 화화火華처럼 살아서 곱고
오랜 나달 연초煙硝에 끄스른
얼골을 가리션 슬픈 공작선孔雀扇
거츠른 해협海峽마다 흘긴 눈초리
항상 요충지대要衝地帶를 노려가다.

반(斑) 묘(猫)

어느 사막(沙漠)의 나라 유폐(幽閉)된 후궁(後宮)의 넋이기에

몸과 마음도 아롱져 근심스러워라

고향의 황혼(黃昏)을 간직해 서럽지 안뇨

칠색(七色) 바다를 건너서 와도 그냥 눈동자(瞳子)에

사람의 품에 깃들면 등을 굽히는 짓새

산맥(山脈)을 느낄사록 끝없이 게을러라

그 적은 포효(咆哮)는 어느 조선때 유전(遺伝)이길래

마노(瑪瑙)의 노래야 한층 더 잔조우리라

그보다 뜰안에 흰나비 나즉이 날아올 땐

한낮의 태양(太陽)과 튜립 한송이 지킴직하고

동방은 하늘도 다 끝나고
비 한방울 나리잖는 그때에도
오히려 꽃은 빨갛게 피지 않는가
내 목숨을 꾸며 쉬임 없는 날이여

북(北)쪽 툰드라에도 찬 새벽은
눈속 깊이 꽃맹아리가 옴자거려
제비떼 까맣게 날라오길 기다리나니
마침내 저바리지 못할 약속(約束)이여

한 바다 복판 용솟음치는 곳
바람결 따라 타오르는 꽃성(城)에는
나비처럼 취(醉)하는 회상(回想)의 무리들아
오늘 내 여기서 너를 불러 보노라

나의 뮤—즈

소공원 小公園

한낮 햇발이
백공작白孔雀 꼬리 우에 합북 퍼지고

그넘에 비닭이 보리밭에 두고온
사랑이 그립다고 근심스레 코고을며

해오래비 청춘靑春을 물가에 흘려보냈다고
쭈그리고 앉어 비를 부르건만은

흰오리떼만 분주히 미끼를 찾어
자무락짐치는 소리 약간 들이고

언덕은 잔디밭 파라솔 돌이는 이국소녀異國少女들
해당화海棠花 같은 뺨을 돌려 망향가望鄕歌도 부른다.

청포도

내 고장 칠월七月은
청포도가 익어 가는 시절

이 마을 전설이 주절이주절이 열리고
먼 데 하늘이 꿈 꾸며 알알이 들어와 박혀

하늘 밑 푸른 바다가 가슴을 열고
흰 돛 단 배가 곱게 밀려서 오면

내가 바라는 손님은 고달픈 몸으로
청포를 입고 찾아온다고 했으니

내 그를 맞아 이 포도를 따 먹으면
두 손은 함뿍 적셔도 좋으련

아이야 우리 식탁엔 은쟁반에
하이얀 모시 수건을 마련해 두렴

눈 雪

毎 筆
공중에서 쏟아지는 꽃잎이라
바람에 날리는 나비떼인가

강 낚시터에서

비가 내린다
여름 강가에
가는 비가 내린다

빗발은 고요히
강물 위에 동그라미를 그리고
동그라미는 번져서 사라진다

낚싯대를 드리우고
나는 앉아 있다
물방울이 맺히는 삿갓 아래

물고기는 오지 않고
시간만 흐른다
강물도 흐른다

빗속에 잠긴 산도
말없이 젖어 있고
나도 말없이 젖는다

바다의 마음

물새 발톱은 바다를 할퀴고
바다는 바람에 입김을 분다.
여기 바다의 은총(恩寵)이 잠자고 있다.

흰돛[白帆]은 바다를 칼질하고
바다는 하늘을 간질려본다.
여기 바다의 아량(雅量)이 간직여 있다.

낡은 그물은 바다를 읽고
바다는 대륙(大陸)을 푸르 보로 싼다.
여기 바다의 음모(陰謀)가 서리워 있다.

황혼(黃昏)

오늘도 이 조그만한 시간(時間) 속에서
나만의 황혼(黃昏)을 가져본다

뜨는 놈이 있으면 지는 놈도 있나니
그 여섯 십(十)의 아들 딸들아
어디서 와서 어디로 가는 것인지
더러는 허둥지둥 제 길도 모르면서
더러는 멍청하니 제자리에 박혀서

나도 이제는 백발이 검은 머리보다
무거워짐을 겨우 알아차렸다

풀잎 끝에 이슬 모양
한 주막(酒幕)에서 긴 대화(對話)는 없다
한 역(驛)에서 맴도는 긴 시간(時間)은 없다
반짝이며 또는 비틀거리며 자욱한 시야(視野)를
우리들의 뒤언덕으로 강물이 흐른다
황혼(黃昏)

아_鴉 편_片

나릿한 남만(南蠻)의 밤
번제(燔祭)의 두레ㅅ불 타오르고

옥(玉)돌보다 찬 넋이 있어
홍역(紅疫)이 만발하는 거리로 쏠려

거리엔 노아의 홍수(洪水) 넘쳐나고
위태한 섬우에 빛난 별하나

너는 고 알몸동아리 향기(香氣)를
봄마다 바람 실은 돛대처럼 오라

무지개같이 황홀한 삶의 광영(光榮)
죄(罪)와 곁드려도 삶즉한 누리

연 _年

보 _譜

「너는 돌다리ㅅ목에서 쥐왔다」는
할머니 핀잔이 참이라고 하자

나는 진정 강언덕江 그 마을에
버려진 문바지였는지 몰라
그러기에 열여덟 새봄은
버들피리 곡조에 불어 보내고
첫사랑이 흘러간 항구港口의 밤
눈물 섞어 마신 술 피보다 달더라
공명이 마다곤들 언제 말이나 했나?
바람에 부쳐 돌아온 고장도 비고
서리 밟고 걸어간 새벽 길우에
간잎만肝 새하얗게 단풍이 들어
거미줄만 발목에 걸린다해도
쇠사슬을 잡어맨듯 무거워졌다
눈우에 걸어가면 자욱이 지리라고
때로는 설레이며 바람도 불지

수만호 빛이래야 할 내 고향이언만
노랑나비도 오잖는 무덤우에 이끼만 푸르러라

슬픔도 자랑도 집어삼키는 검은 꿈
파이프엔 조용히 타오르는 꽃불도 향기론데

연기는 돛대처럼 나려 항구에 들고
옛날의 들창마다 눈동자엔 짜운 소금이 저려

바람 불고 눈보래 치잖으면 못살이라
매운 술을 마셔 돌아가는 그림자 발자최소리

숨막힐 마음속에 어데 강물이 흐르느뇨
달은 강을 따르고 나는 차듸찬 강맘에 드리느라

수만호 빛이래야 할 내 고향이언만
노랑나비도 오잖는 무덤우에 이끼만 푸르러라

편蝙 복蝠

광명光明을 배반背反한 아득한 동굴洞窟에서
다 썩은 들보라 문허진 성채城砦 위 너 홀로 돌아다니는
가엾은 박쥐여! 어둠에 왕자王者여!

쥐는 너를 버리고 부자집 고간庫간으로 도망했고
대붕大鵬도 북해北海로 날러간지 임이 오래거늘

검은 세기世紀에 상장喪裝이 갈갈이 찢어질 긴 동안
비닭이 같은 사랑을 한번도 속삭여 보지도 못한
가엾은 박쥐여! 고독孤獨한 유령幽靈이여!

앵무와 함께 종알대며 보지도 못하고
딱따구리처럼 고목古木을 쪼아 울지도 못하거니
만호보다 노란 눈깔은 유전遺傳을 원망한들 무엇이랴

서러운 주문(呪文)일사 못외일 고민(苦悶)의 잇빨을 갈며
종족(種族)과 화(禍)를 잃어도 갈곳조차 없는
가엾은 박쥐여! 영원(永遠)한 보헤미안의 넋이여!

제 정열(情熱)에 못이겨 타서 죽는 불사조(不死鳥)는 아닐망정
공산(空山) 잠긴 달에 울어새는 두견새(杜鵑) 흘리는 피는
그래도 사람의 심금(心琴)을 흔들어 눈물을 짜내지 않는가!
날카로운 발톱이 암사슴의 연한 간(肝)을 노려도 봤을
너의 머—ㄴ 조선(祖先)의 영화(栄華)롭든 한시절 역사(歷史)도
이제는 아이누의 가계(家系)와도 같이 서러워라
가엾은 박쥐여! 멸망(滅亡)하는 겨레여!

운명(運命)의 제단(祭壇)에 가늘게 타는 향(香)불마자 꺼졌거든
그 많은 새짐승에 빌부칠 애교(愛嬌)라도 가졌단 말가?
상금조(相琴鳥)처럼 고흔 뺨을 채롱에 팔지도 못하는 너는
한토막 꿈조차 못 꾸고 다시 동굴(洞窟)로 돌아가거니
가엾은 박쥐여! 검은 화석(化石)의 요정(妖精)이여!

*편복(蝙蝠)…박쥐

교 喬

목 木

푸른 하늘에 닿을듯이
세월에 불타고 우뚝 남아서서
차라리 봄도 꽃피진 말아라

낡은 거미집 휘두르고
끝없는 꿈길에 혼자 설레이는
마음은 아예 뉘우침 아니라

검은 그림자 쓸쓸하면
마침내 호수(湖水) 속 깊이 거꾸러져
참아 바람도 흔들진 못해라

일 日
식 蝕

쟁반에 먹물을 담아 비쳐본 어린날

불개는 그만 하나밖에 없는 내 날을 먹었다

날과 땅이 한줄우에 돈다는 고순간(瞬間)만이라도

차라리 헛말이기를 밤마다 정녕 빌어도 보았다

마침내 가슴은 동굴(洞窟)보다 어두워 설래인고녀

다만 한봉오리 피려는 장미 벌래가 좀치렸다

그래서 더 예쁘고 진정 덧없지 아니하냐

또 어데 다른 하날을 얻어 이슬 젖은 별빛에 가

꾸련다

말

흐트러진 갈기
후줄근한 눈
밤송이 같은 털
오! 먼 길에 지친 말
채찍에 지친 말이여!
수긋한 목통
축 처어진 꼬리
서리에 번쩍이는 네 굽
오! 구름을 헤치려는 말
새해에 소리칠 흰 말이여!

*이 詩는 陸史의 處女作으로서, 1930년 1월 3일자 〈朝鮮日報〉에 新年頌으로 발표된 것이다.

노路程記
정
기

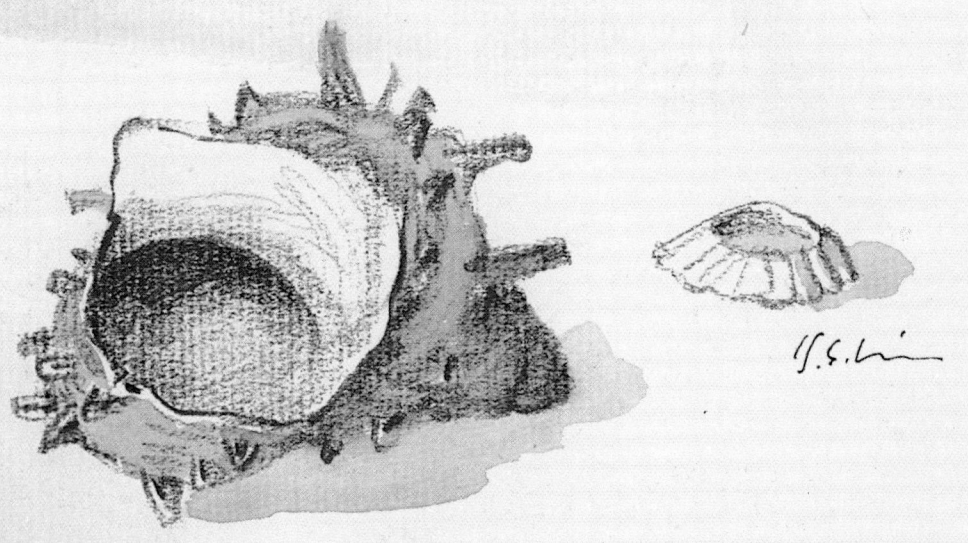

목숨이란 마치 깨여진 배쪼각
여기저기 흩어져 마을이 구죽죽한 어촌(漁村)보담 어설프고
삶의 틔끌만 오래 묵은 포범(布帆)처럼 달아매였다

남들은 기삣다는 젊은 날이었것만
밤마다 내 꿈은 서해(西海)를 밀항(密航)하는 쩡크와 같애
소금에 절고 조수(潮水)에 부프러 올랐다

항상 흐렸한 밤 암초(暗礁)를 벗어나면 태풍(颱風)과 싸워가고
전설(傳說)에 읽어본 산호도(珊瑚島)는 구경도 못하는
그곳은 남십자성(南十字星)이 비쳐주도 않았다

쫓기는 마음 지친 몸이길래
그리운 지평선(地平線)을 한숨에 기오르면
시궁치는 열대식물(熱帶植物)처럼 발목을 오여쌌다

새벽 밀물에 밀려온 거미이냐
다 삭아빠진 소라 껍질에 나는 붙어 왔다
머―ㄴ 항구(港口)의 노정(路程)에 흘러간 생활(生活)을 들여다 보며

구겨진 하늘은 묵은 얘기책을 펴듯

돌담울이 고성(古城)같이 둘러싼 산기슬

박쥐 나래 밑에 황혼(黃昏)이 무쳐오면

초가(草家)집집마다 호롱불이 켜지고

고향(故鄉)을 그린 묵화(墨畵) 한폭 좀이쳐.

띄엄띄엄 보이는 그림조각은

앞밭에 보리밭에 말매나물 캐러간

가신애는 가신애와 종달새소리에 반해

빈바구니 차고오긴 너무도 부끄러워

술레짠 두 뺨우에 모매꽃이 피었고.

그네줄에 비가오면 풍년(豊年)이 든다더니

앞내강(江)에 씨레나무 밀려나리면

젊은이는 젊은이와 뗏목을 타고

돈벌로 항구(港口)로 흘러간 몇 달에

서릿발 입저도 못오면 바람이 분다.

피로 가꾼 이삭에 참새로 날아가고

곰처럼 어린놈이 북극(北極)을 꿈꾸는데

늙은이는 늙은이와 싸우는 입김도

벽(壁)에 서려 성애끼는 한겨울 밤은

동리(洞里)의 밀고자(密告者)인 강(江)물조차 얼어붙는다.

절^絶
정^頂

매운 계절^{季節}의 채쭉에 갈겨
마침내 북방^{北方}으로 휩쓸려오다

하늘도 그만 지쳐 끝난 고원^{高原}
서리빨 칼날진 그 우에서다

어데다 무릎을 꿇어야 하나
한발 재겨 디딜 곳조차 없다

이러매 눈감아 생각해 볼밖에
겨울은 강철로 된 무지갠가 보다

남한산성

南漢山城

넌 제왕(帝王)에 길들인 교룡(蛟龍)

화석(化石)되는 마음에 이끼가 끼어

승천(昇天)하는 꿈을 길러준 열수(洌水)

목이 째지라 울어 예가도

저녁 놀빛을 걷어 올리고

어데 비바람 있음즉도 안해라.

陸史의 매력

　육사는 천성(天成)의 시인이다. 그의 詩는 상상 세계가 다양하고, 이미지의 표출과 구성이 차분한 정감(情感)을 자아내고 있다. 이러한 그의 詩 세계는 흔히 정치투사나 민족운동을 한 사람들에게는 찾아볼 수 없는, 나이브하고 감미롭기조차 한 서정세계를 보여준다.

　詩〈청포도〉〈바다의 마음〉〈芭蕉〉〈호수〉등 많은 詩들은 육사의 유연하고 격조 높은 서정시를 대표한다.

　그러나 육사에게는 또 다른 활달하고 행동하는 사람의 서리찬 저항의 의지를 암유(暗喩)하는 상상의 세계를 지니고 있다. 詩〈광야〉〈초가〉〈路程記〉〈절정〉등은 그러한 계열에 속한다.

　이번에 펴내는 이 詩画集에는 종전에 20여 편으로 알려진 육사 시집과는 달리, 새로 발굴된 詩를 합쳐 35편의 詩 중에서 가장 독자들에게 친숙한 詩들을 골라서 실었다. 시각적으로 사물의 이미지를 보여주는 그림과 함께 엮어진 점에서 한층 詩画의 동시적 감흥을 나타내 줄 것으로 생각된다.

文学評論家 崔 光 烈

그림을 그리면서

　画家로서 육사의 詩를 그림으로 나타낸다는 것은 나로서 퍽 힘겹고 벅찬 일이었다. 우선 詩 세계를 감득하기에도 힘든 일이었지만, 詩의 자유자재로운 영상(映像)을 제한된 화폭에 담는 일이란 그렇게 쉽지가 않았기 때문이다.

　특히 화가로서 고심한 점은 詩에 있어서의 사물의 이미지가 지니고 있는 명암(明暗)의 세계를 표현하는 일이었다. 이것을 보다 밝게 표현하려고 애를 써보았다.

　아뭏든 시골 농촌에서 북극지방의 어두운 영상이나, 남쪽 나라의 밤을 연상시키는 영상 등 서정의 다양한 詩 세계를 어느 정도 잘 표현 처리되었는지, 그 점은 독자의 이해에 맡길 수밖에 없다고 생각한다.

서양화가 김 윤 식

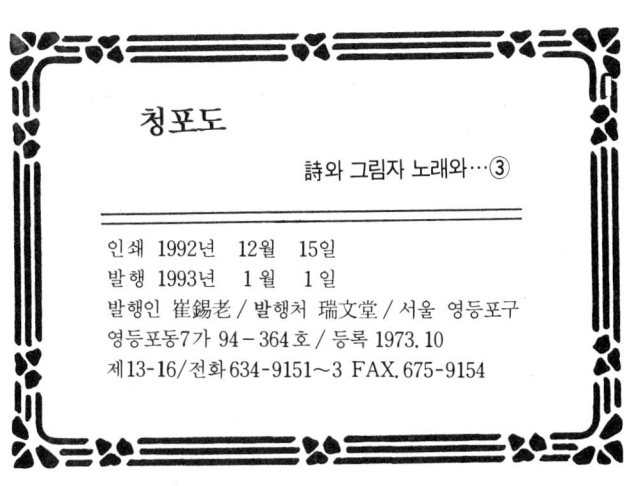

청포도

詩와 그림자 노래와…③

인쇄 1992년 12월 15일
발행 1993년 1월 1일
발행인 崔錫老 / 발행처 瑞文堂 / 서울 영등포구
영등포동7가 94-364호 / 등록 1973.10
제13-16/전화 634-9151~3 FAX. 675-9154